Animales espinosos

El erizo de mar

Lola M. Schaefer

Traducción de Patricia Abello

Heinemann Library
Chicago, Illinois

© 2004 Heinemann Library
a division of Reed Elsevier Inc.
Chicago, Illinois

Customer Service 888-454-2279
Visit our website at www.heinemannlibrary.com

Designed by Sue Emerson, Heinemann Library; Page layout by Que-Net Media
Printed and bound in the U.S.A. by Lake Book Manufacturing
Photo research by Scott Braut

08 07 06 05 04
10 9 8 7 6 5 4 3 2 1

Library of Congress Cataloging-in-Publication Data
Schaefer, Lola M. 1950-
[Sea urchin. Spanish]
El erizo de mar / Lola M. Schaefer; traducción de Patricia Abello.
    p.cm.--(Animales espinosos)
    Includes index.
    Contents: ¿Qué es el erizo de mar? --¿Dónde vive el erizo de mar? --¿Cómo es el erizo de mar? --¿Cómo es la textura del erizo de mar? ¿Cómo usa las espinas el erizo de mar?-- ¿De qué tamaño es el erizo de mar? --¿Cómo se mueve el erizo de mar? --¿Qué come el erizo de mar?-- ¿Cómo se reproduce el erizo de mar?
    ISBN 1-4034-4302-5 (HC), 1-4034-4308-4 (Pbk)
1. Sea urchins--Juvenile literature. [1. Sea urchins. 2. Spanish language materials.] I. Title.
QL384. E2S318 2003
593.9'5 --dc21

                                                2003049910

Acknowledgments
The author and publishers are grateful to the following for permission to reproduce copyright material:
Title page, p. 9 Gilbert S. Grant/Photo Researchers, Inc.; p. 4 Richard Herrmann/Visuals Unlimited; p. 5 R. J. Erwin/Photo Researchers, Inc.; p. 6 Dave B. Fleetham/Visuals Unlimited; p. 7 David Hosking/FLPA; p. 8L Brandon D. Cole/Corbis; pp. 8r, 14r, 15r Corbis; p. 10 Gregory Ochocki/Photo Researchers, Inc.; p. 11l Morton Beebee/Corbis; p. 11r Amos Nachoum/Corbis; p. 12 Robert Yin/Corbis; p. 13 Fred McConnaughey/Photo Researchers, Inc.; p. 14l Phil Degginger/Animals Animals; p. 15l Fred Bavendam/Minden Pictures; p. 16 Biophoto Associates/Photo Researchers, Inc.; pp. 17, 18 David Hall/Photo Researchers, Inc.; pp. 19, 22, 24 D. P. Wilson/FLPA; p. 20 P. Parks/OSF/Animals Animals; p. 21 Andrew J. Martinez/Photo Researchers, Inc.; p. 23 (row 1, L-R) Corbis, R. J. Erwin/Photo Researchers, Inc.; (row 2, L-R) Jeff Rotman/Photo Researchers, Inc., Dave B. Fleetham/Visuals Unlimited, Biophoto Associates/Photo Researchers, Inc.; (row 3) P. Parks/OSF/Animals Animals; back cover (L-R) D. P. Wilson/FLPA, Dave B. Fleetham/Visuals Unlimited

Cover photograph by Randy Morse/Animals Animals

Every effort has been made to contact copyright holders of any material reproduced in this book. Any omissions will be rectified in subsequent printings if notice is given to the publisher.

Special thanks to our advisory panel for their help in the preparation of this book:

Anita R. Constantino
Literacy Specialist
Irving Independent School District
Irving, TX

Aurora Colón García
Reading Specialist
Northside Independent School District
San Antonio, TX

Leah Radinsky
Bilingual Teacher
Inter-American Magnet School
Chicago, IL

Ursula Sexton
Researcher, WestEd
San Ramon, CA

Unas palabras están en negrita, **así**.
Las encontrarás en el glosario en fotos de la página 23.

Contenido

¿Qué es el erizo de mar? 4

¿Dónde vive el erizo de mar? 6

¿Cómo es el erizo de mar? 8

¿Cómo es la textura del erizo de mar? . 10

¿Cómo usa las espinas el erizo de mar?. 12

¿De qué tamaño es el erizo de mar? . . 14

¿Cómo se mueve el erizo de mar? 16

¿Qué come el erizo de mar? 18

¿Cómo se reproduce el erizo de mar? . . 20

Prueba. 22

Glosario en fotos. 23

Nota a padres y maestros 24

Respuestas de la prueba 24

Índice 24

¿Qué es el erizo de mar?

El erizo de mar es un animal sin huesos.

Es un **invertebrado**.

testa

El erizo de mar tiene una concha dura por fuera.

La concha se llama **testa.**

¿Dónde vive el erizo de mar?

Todos los erizos de mar viven en el mar.

La mayoría vive en aguas profundas.

Algunos erizos de mar viven
en aguas poco profundas.

Se esconden entre las rocas.

¿Cómo es el erizo de mar?

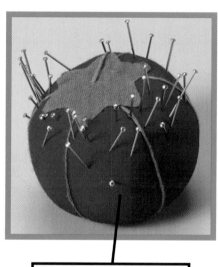

alfiletero

El erizo de mar se parece a un **alfiletero**.

Puede ser rojo, morado, verde o negro.

espinas

La **testa** del erizo de mar
es redonda.

Está cubierta de púas
llamadas **espinas**.

9

¿Cómo es la textura del erizo de mar?

Si tocas un erizo de mar, te puede puyar.

Las **espinas** son puntiagudas.

Algunos erizos de mar se pueden tocar.

¡Otros son demasiado afilados!

¿Cómo usa las espinas el erizo de mar?

El erizo de mar usa las **espinas** para protegerse.

Las espinas puntiagudas asustan a sus enemigos.

Las espinas le ayudan a moverse.

También le ayudan a arrastrarse.

¿De qué tamaño es el erizo de mar?

Algunos erizos de mar son pequeños.

Pueden ser tan pequeños como una pelota de tenis.

Algunos erizos de mar crecen hasta ser grandes.

Pueden ser tan grandes como una pelota de fútbol.

¿Cómo se mueve el erizo de mar?

patas tubulares

El erizo de mar se mueve muy lentamente.

Camina sobre unas **patas tubulares** muy chiquitas.

El erizo de mar también usa
las **espinas** para moverse.

Al moverse, menea las espinas.

¿Qué come el erizo de mar?

El erizo de mar come unas algas marinas llamadas **kelp**.

Se arrastra encima del kelp y se lo va comiendo.

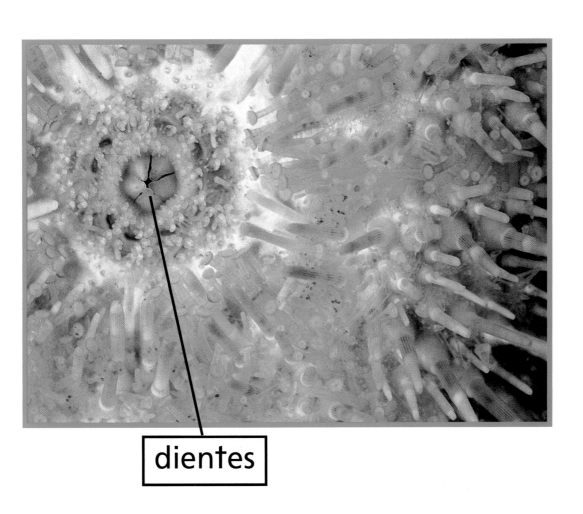

dientes

La boca del erizo de mar está en la base de la **testa**.

Tiene cinco dientes en la boca.

¿Cómo se reproduce el erizo de mar?

El erizo de mar hembra pone huevos.

De los huevos salen las crías del erizo de mar llamadas **larvas**.

Más tarde, las larvas cambian.

Se vuelven erizos de mar con **espinas.**

Prueba

¿Qué son estas partes?

Búscalas en el libro.

Busca las respuestas en la página 24.

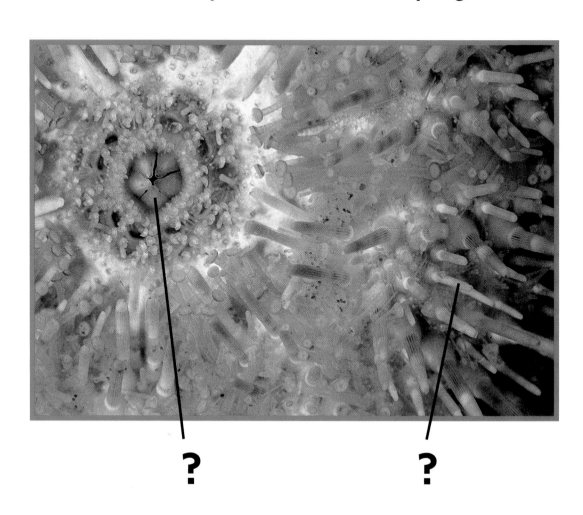

?   ?

Glosario en fotos

invertebrado
página 4

alfiletero
página 8

testa
páginas 5, 9, 19

kelp
página 18

espina
páginas 9, 10,
12, 13, 17, 21

**patas
tubulares**
página 16

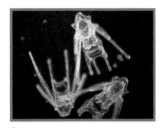
larva
página 20

Nota a padres y maestros

Leer para buscar información es un aspecto importante del desarrollo de la lectoescritura. El aprendizaje empieza con una pregunta. Si usted alienta a los niños a hacerse preguntas sobre el mundo que los rodea, los ayudará a verse como investigadores. Cada capítulo de este libro empieza con una pregunta. Lean la pregunta juntos, miren las fotos y traten de contestar la pregunta. Después, lean y comprueben si sus predicciones son correctas. Piensen en otras preguntas sobre el tema y comenten dónde pueden buscar las respuestas.

❗ PRECAUCIÓN: Recuérdeles a los niños que no deben tocar animales silvestres. Los niños deben lavarse las manos con agua y jabón después de tocar cualquier animal.

Índice

alfiletero 8

animal 4

boca 19

comer 18

concha 5

espinas 9, 10, 12, 13, 17, 21

huesos 4

huevos 20

invertebrado 4

larvas 20, 21

mar 6

patas tubulares 16

roca 7

testa 5, 9, 19

Respuestas de la página 22

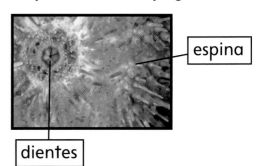

espina

dientes

24